Pia Laurell

Smärtpunkter

På vers

Förlag: BoD – Books on Demand, Stockholm, Sverige

Tryck: BoD - Books on Demand, Norderstedt, Tyskland

ISBN: 978-91-769-9311-8

Till min familj

Den ibland korta stunden

Tillsammans med er

Den är till mitt hjärta bunden

Med allt ni är och allt ni ger

Ord berikar

Sår frön inom oss

Blommande ut

I fantastiska äventyr

Innehållsförteckning

Avsnitten

Tillvaro

I väntan på Livet

Jag sitter i min soffa i väntan på Livet

Det är så jag oftast gör

Väntar på att något ska ske

Som ger mig inspiration från livet utanför

Våra liv

Våra liv börjar i en våldsam kraft

Vi existerar i glädje och sorg

Frågor om morgondagen finns

Men slutet blir en stillsam vistelse

Om natten

Mörkret är omslutande och tungt

Tankar av oro och ångest tär

Den ger alls inte något tryggt eller lugnt

Jag önskar endast att gryningen var här

Att växa

Ett nytt skikt för varje år

Men det inre består

Nya dimensioner som berika

Det fantastiska och olika

Egen tid

I mitt eget sällskap kan jag välja

Och av timmarna nogsamt tälja

I njutning de sakta försvinna

Mot midnattens mörka timma

En dag som denna

Att vakna till en dag som denna

Och njuta av lättnaden att ingen smärta känna

Att gardinen dra undan och himlen få skåda

Jag vill ta dagen i min famn och över tiden få råda

Insikt vid ett fönster

Jag ser ut på trafiken

Den har just satt fart

Först känner jag mig besviken

Men sedan inser jag klart

Att stunderna vid mitt fönster

Är inte enbart en plats i ljuset

Jag kan se ett tydligt mönster

I mina tankar och i bruset

Minnen

Minnen stannar kvar

Mycket djupare hos en var

När de av känslorna berörs

Och till själen återförs

Känslor

Tankar som inte vaknar

Förrän känslor har dig fyllt

Dagen du aldrig saknar

Om du inte den förgyllt

När dagen gryr

Vacker är min dag när den gryr

Då har jag ännu inget sagt eller gjort

Ännu inget ångrat och inget som jag flyr

Och ännu inga tankar på det jag bort

Sanningen

Lögnen kan inte bedra mitt hjärta

Sanningen är alltid given

Mycket av tvivel och av smärta

Och vissheten stärks med tiden

Charad

Livet kan vara en grym charad

Det är kärlek du gärna vill ha och ge

Men du har en spelad fasad

Och till slut du om nåd får be

Hjärtat gömmer

Minnen är en skatt som hjärtat gömmer

Vi kan inte uttala allt här finns

De starka känslorna vi aldrig glömmer

Och vi har pärlor vi för evigt minns

Symbios

Du är i symbios med tiden

Och i varje sekund ett nu

Antingen världen är god eller galet vriden

En del av historien förblir jag och du

Plågsamt

Alla dessa plågsamma dagar

Då jag inget kan förmå mig att göra

Rastlös trött och bara klagar

Över smärtan som måste störa

Gott och ont

Det goda och vackra är ömtåligt

Det onda skyddar sig själv

Process

Rasa en brasa

Leta det heta

Vila vid min mila

Svalka det nalkas

Lysa och belysas

Självkritik

Min strävan är det optimala

Skapa bästa versionen av mig själv

Att ständigt rannsaka är det basala

Det är som forsandet i en älv

Acceptans

Jag tar emot mina känslor som de är

Utan några kval

De tar mig vart än livet bär

Och får leda mina val

Svaghet

Vissa njuter av andras nederlag

För att själva känna styrka

Och lögner och förtal blir ett övertag

För att egen framgång få yrka

Oss vuxna emellan

Att försöka "fostra" och uttala hot

Det är jag helt emot

Och att ställa villkor eller krav

Det är inte kärlek gjort utav

Balansgång

Vara måttlig och normal

Omöjligheten är total

Aktiviteten spänner i kroppen

Huvudorsaken är i själva knoppen

Strax börjar det mala

Och jag försöker att förhala

Ska gå ut en stund

Ty jag vill vara sund

Vill ge mig hän

Trots att jag får migrän

Utanför

Som vid ett skyltfönster

Där jag ser men inte rör

Det är samma mönster

Som att lyssna men stå utanför

Jag håller ett slags distans

Och vill gå avsides

Vart ska jag då gå nån'stans

Hur nå målet att vara jämsides

Visdomens källa

Jag önskar det hade effekt

Att få dricka från visdomens källa

Och dricka tills törsten är släckt

För att kloka frågor få ställa

Möjligheter

Det är svårt att veta vad livet har att ge

När man inte förstår att det man äger och har

Är det man ska betrakta och verkligen se

Och möjligheterna är de man i flykten tar

Intuition

Ett sjätte sinne eller min intuition

Är ofta till mina känslor den starka bron

Något jag uppfattar på ett omedvetet sätt

Och det jag känner blir oftast rätt

Kan jag...

Inse det jag ser

Njuta av det jag ger

Lyssna till det jag hör

Ha hjärtat i det jag gör

Fotboja

Det finns en boja om varje fot

Hos den vars sinne som är emot

Att sänka garden för varje tagg

Och släppa striden att känna agg

Inget förvånar

Det är svårt att hitta en gräns

hos människor av idag

Inget förvånar av underverk eller

katastrofer jag ser

Jag kan vänta mig allt eller inget

och av värsta slag

Det jag en gång kunde förvänta mig

finns inte mer

Duga

Att tro att jag inte duger

Är ett sant bedrägeri

För mina kära jag då ljuger

Om den jag är inuti

Tårar

Tusen, tusen tårar har jag gråtit någonstans

Allt har torkat upp och några spår finns
ingenstans

Tusen, tusen skärvor har jag lämnat
någonstans

Men allt är borta som om jag aldrig nån'sin
fanns

Solen

Jag kan inte vara där du är

Och sola mig i glansen

Nu när du äntligen är här

Det var kanske sista chansen

Begränsningen är min

Den är återkommande, ett faktum

Skönheten och kraften är alltid din

Du är mitt universum

Morgon

Morgontimme ljus och skir

Jag vill stanna kvar hos dig

Men jag vet att dagen blir

Den tar all rymd och lämnar dig

Tiden

Tiden kommer alltid till oss

Vi följer med, vi kastar loss

Den strida strömmen är vårt hopp

Och inte finns det något stopp

Inom minuter och sekunder

Det är vi som är tidens kunder

Vi väljer vad vi själva ger

Den blir vad vi gör och inget mer

Panorama

Att se antingen i svart eller vitt

Kan te sig tämligen lätt

Men att se de gråa nyanserna i dess mitt

Ger för helheten en bättre palett

Dyrbart

Vi har alla en kärna

Vårt inre väsen, vårt jag

Som är så viktig att värna

Och är av dyraste slag

Oväntat

Det vi ger får vi oftast tillbaka

Men kanske i en annan form

Konsekvenserna är sällan raka

Men effekten kan bli enorm

Trälen

Sorgen öppnar min dörr

Till hjärtat och till själen

Den blottar minnena från förr

Den styr och jag är trälen

Oro

Jag betraktar, vad är det jag ser när jag tittar ut?

Då ljuset flödar in genom mitt fönster

Ger det scenen av en människas slut

Eller barn som leker där skuggor ger mönster

Jag lyssnar, vad är det för ljud jag hör?

När jag om morgonen öppnar min dörr

Är det larmet från trafiken som stör

Eller är det oron för att inget blir som förr

Jag tänker, hur lever jag livet just nu?

När jag går till vila om kvällen

Är det glädje och tacksamhet för att det är jag och du

Eller närmar sig farorna från flera ställen

Efterklang

Taget ur sitt sammanhang

Är varje människa en liten del

Men allt hänger samman och ger efterklang

Då många påverkas om en gör fel

Om motsatser

Allt har sin motsats i något annat

Tingens tillstånd är beroende av vartannat

Hur ska allting annars existera

Om man inte kan addera kan man inte
subtrahera

Kring motsatser kan man jämföra och relatera

Och kring tingest och situation reflektera

Det gör livet möjligt att analysera

Att se perspektiven och kunna agera

Respekt

Jag har kommit till insikt

Om att vi har olika bagage

Att respektera någon annans åsikt

Det visar min person och min kurage

Svag

Det är svårt att acceptera och vara öppen inför
allt

Vad är det humana och var står jag

Ibland vill jag ta avstånd och hålla hjärtat kallt

Om jag blundar för det som är svårt, är jag då
svag?

Förskonad

Tänk om det i skådespel åskådliggörs allt grymt
som sker

Alla hemska övergrepp som vi förskonas och
aldrig ser

Det vore för våra hjärtan och vår moral så
oerhört tungt

Att inget hjärta skulle finnas kvar som var ljust
och ungt

Ett ögonblick

Det tar ett ögonblick eller enbart en sekund

För hela livet att brytas och krossas

Känns det som tiden jag levt varat blott en
stund?

Och allt jag känt och älskat varit en dröm eller
på låtsas?

Dubbel lycka

Är det för vissa en dubbel lycka

Att hata och förtrycka

Är det för vissa en tid av gamman

Att se någon annan rasa samman

Passion

Längtan är min stora passion

Jag känner, jag vill, jag brinner

I tanken har jag en klar vision

Att söka det jag aldrig finner

Betänkligheter

Vinden viskade i mitt öra

Men jag ville inte höra

Om det som var mitt sanna jag

Nej, inte nu, bara inte just idag

Allt jag gjort och inte gjort

Kändes tydligt om det jag bort

Men vinden var min egen röst

Som förutspådde livets höst

Här sitter jag med trötta år

Där mycket har satt djupa spår

Kan jag nån´sin tiden följa

Och gamla sorger överskölja

Musiken

Musiken kan få själen att flyga

Den känns så galet lätt och fri

Känslorna som brukar vara blyga

Hittar i hjärtat en total harmoni

Tvivel

Det är först en aning

Som blir en tro

Något inbillat som börjar gro

Men tyngst och sist är tvivlet

Ventil

Tillåta sig att dagdrömma

Det kan vara en nyttig ventil

Att all längtan få tömma

Ut i verklighetens sil

Existens

I tanken kan jag nästan nudda dem

Varandet, tiden, existensen

Försöka förstå storheten och oändligheten

Lägga min kropp och min själ i skapelsen

Drömmar

Så starka är mina drömmar

Att de stigar jag ännu inte vandrat

Är de jag vid slutet

Ska tänka på med vemod

Identitet

I utkanten har jag min tillvaro

I utanförskapet en identitet

I den grå zonen karaktärslös

I skuggan dit solen aldrig når

Skugga

Inte skimrar det något ljus där jag är

Ingen färdas nånsin här

Alltid i ständig skugga

Där tomheten i hjärtat kan hugga

Borta och oåtkomligt finns en kraft

Den jag en gång i min ungdom haft

Har jag berättat...

...Om min längtan

Den som värker i min kropp

Som också blir en väntan

Och som en inre propp

...Om min tomhet

Den som gör mig trött

Som också blir min dumhet

Och gör beslutet sprött

...Om min plan

Den som håller mig vid liv

Som är en vit, stolt svan

Med magra tidsfördriv

...Om min flykt

Den som sker i stundens nöd

Från det jag omkring mig byggt

Med det som livet bjöd

Avsked

Livet målat i en akvarell

Stormens vågor i det mörka blå

Lång synes tiden denna kväll

Ljud av steg då du måste gå

Mörker, regn, det tunga sinnet

Aldrig mer en fågels sång

Leva med det fagra minnet

Då du kom, det var en gång...

Förändring

Visst kan jag leva med det jag har

Och inte något annat önska

Men då har jag inget kvar

Som leder mig till livets grönska

Rättvisa

Har naturen sin egen balans

Av allt som sker av ont och gott

Eller söker vi rättvisan som en chans

Att förstå vår värld med de gåvor vi fått?

Lyckogata

Målet är en lyckogata

Viktig att se framför mig

Inte gnälla, bara knata

Blir en livsstil och ett mål i sig

Våga

Ta dig ut, gör dig fri

Lämna tvånget, våga bli

Sänk din gard, se dig om

Tyngden drar, men seså kom..

Bloss

I djupet inom var och en av oss

Finns en pärla eller flinthård sten

Allt beror på hjärtats bloss

Om ögonen lyser av värme eller iskallt sken

Stjärna

I mörkret kan vi finna

Det som dagsljuset gömmer

En stjärna, en strimma

Något som lyser och sorgen tömmer

Motgångar

Våra liv är på ont och på gott

Det är så naturen är

Vi uppskattar bättre det vi fått

När vi av motgångar lär

Tricket

Som alla andra dagar

Vi stressar och vi jagar

Men stanna upp i ögonblicket

Se din lycka, det är tricket

Förtryck

Några få ord kan såra så mycket

Av det som sägs och som står skrivet

Det är det verbala förtrycket

Som kan förstöra för hela livet

Minnena knackar på

En hägring

Det gör ont i mitt bröst

Av alla tankar och minnen

Nu nalkas livets höst

Och ångesten härjar mina sinnen

Molnen skymmer strimmor av ljus

Det är som en fägring

Men jag vänder åter in i mitt hus

Jag vet, det var bara en hägring

Nog av tankar i vemod och sorg

Det finns även glädje i livet

Men många är de vissna blommorna i min korg

Och ingen vet vad i framtiden står skrivet

Då jag var ung

Så uppslukad av jobb och stress

Tänkte mest på eget väl

Blir det vardagsbyxor eller aftondress?

Det viktiga blev glömt av flera skäl

I mogen ålder har jag förstått

Det är många fällor jag trampat i

Och så mycket jag missat och försmått

Men nu ersatt med ny filosofi

Densamma

Taget ur sitt sammanhang

Nu är jag en gammal kvinna

Och i mitt resonemang

Finns mycket att besinna

Det handlar om min historia

Som flicka, kvinna och mamma

Allt utan någon gloria

Jag är ändå alltid densamma

Ur det förflutna

Ur det förflutna lockas minnena fram

Händelser och ansikten jag mött

Och musiken från förr gör mig känslosam

För mitt inre blir allting återfött

Livsresumé

Två föräldrapar

Två halvsyskon

Två äktenskap

En skilsmässa

Två yrkesutbildningar

Tolv anställningar

En utbrändhet

Tre barn

Tre barnbarn

Elva bostäder

Åtta bilar

Tre cyklar

Två pianon

Fram till ålderns höst

Tidsperspektiv

Minuten går sakta

Timmen är lång

Dagen vakta

Veckans gång

Månader försvinner

Och svårt jag hinner

Att ett år redan gått

Som de sextionio jag fått

En skärva av glas

Det är så lätt att förgäta

All tid om svunna da'r

Den går inte att mäta

Med den som hjärtat har

Det finns någonstans i mitt sinne

En liten glimt, som en skärva av glas

Såsom ett bitterljuvt minne

Jag vill bevara som blommor i en vas

Karusell

Nu åker karusellen den tredje turen

Inte vill jag sitta i den senila buren

Minnesgestalter tar plats i periferin

Jag vill återfå den positiva energin

Åldras

En gång då du var ung

Då gladdes du åt andra ting

En gång då du var kvällens kung

Bar du inte konsekvensens ring

Livet var en ljummen vind

Du märkte inte regnet

Den vätte pannan och din kind

Men du sökte inte hägnet

Nu är tid och regn markanta

Och din framtid synes kort

Kullarna är mycket branta

Och det är viktigt med komfort

Den ljuva tiden

Ljuva, ljuva ungdom

Och jag tänker stundom

Varje ålder har sitt värde

För dem som av livet lärde

På äldre da'r

Tid att minnas

Tid att begrunda

Tid att finnas

Tid att avrunda

Sent...

Mitt nu är

I den gamlas sfär

Sent ska jag finna

Jag var en lycklig kvinna

Mor

Du var all min längtan under alla barndomsår

Jag fantiserade om dig och det liv du hade

Nu är det så mycket jag inte förstår

Och ifall min födelse dig gladde

De frågor jag har kvar är tusen

Och nu för sent att ställa dem

Situationen är för alltid frusen

Jag återgår till längtan och fantasi igen

Far

Var vi lika du och jag?

Jag undrar vem du var

Om blott en enda dag

Jag fått träffa min egen far

Förträngt

Drömmens slöjor bärs av demoner

De gör mig svag men jag minns

Mönstret i det förgångna har tydliga ikoner

Av det jag förträngt - men barnet finns

Sanningen

Långt borta i horisonten är jag fortfarande ung

Här finns barndomens sanning så ren och klar

De minnen som vilar här gör mig ledsen och tung

Sanningen är barnet jag försiktigt omhändertar

Spegelbild

När jag ser min egen spegelbild

Skymtar en suddig figur

Den är från andra väsensskild

Ty den har en otydlig kontur

Barnet inom mig har kränkts

Lidandet inser jag nu

Min verklighet har förvrängts

Jag kan aldrig bli hel som du

Skammen

Skammen, en ryggsäck jag måst bära

När jag var barn och fram till nu

Skammen för att jag var jag, har jag fått lära

Beror på att du var du, och endast du

Brist

En gång då du var en liten pilt

Så själsligt hungrig att ditt hjärta blödde

Fanns inte ett leende milt

Endast ilskna ögon som glödde

En liten smekning på din kind

Har aldrig din hud berört

Endast en bister vind

Och hårda ord du hört

Detta är ett verk av de vuxnas brist

Vad har barndomsåren gjort med själen

De vet inte vad de i livet mist

Kvar finns bara det karga livet och grälen

Min värld

Min värld av emotioner

Var ett slutet rum

Inte skratt eller vackra toner

Jag var oftast stum

Min värld av kunskaper

Var en sluten värld

Ingen upplysning eller dialoger

Jag blev inte särskilt lärd

Min värld av kärlek

Som ett ihåligt skal

Inte omsorg eller ömhet

Jag led många kval

Min värld av ambitioner

Var en passiv kärna

Inget beröm eller diskussioner

Men jag ville verkligen gärna

Mod

Har tanken fångat dig

Så att du sett ditt inre

Har du haft mod att fråga dig

Hur livet plågat dig

Då du var mindre

Minns du

Minns du barnaåren

Minns du hur det var

Med ögat vått av tåren

Har du känslan kvar

Skolan

Bilder i mitt inre

Högmod som tog över

I skolan då jag var mindre

Lektionerna som söver

Bilder från mitt inre

Torra monologer

I skolan då jag var mindre

Fanns inte dialoger

Bilder från mitt inre

Och med rötter från förr

I skolan då jag var mindre

Var bestraffningen en sluten dörr

Engagemang

Föräldrarnas engagemang i min fostran var stort

Det var inte av kärlek, utan för vårt rykte

Men mest för det jag i okunskap gjort

Det var viktigast vad omgivningen tyckte

Till det eviga

Besinning

Jag ska besinna mig

Vänta på min tur

Låta livet leda mig

Den sista vägen

Nu ser jag horisonten

Det är dit jag ska

Finns det någon annan väg

Kanske längre fram

Då kanske jag väljer den

Om jag kan

Genom allt

När havets vågor når min strand

Jag lever igenom allt vi haft

Varje stund, varje gång du höll min hand

Det ger mitt hjärta en sista kraft

Dystert

Det är tungt nu

En dyster stämning

När allt rinner över

Och sedan sakta droppar

Från bägaren med livets allt

Det svåra, det oförutsägbara

Allt det som inte har svar

Inte är det nattens ro

Och det är svarta dagar

Fler lär det bli

Allt går mot ett slut

Flykt och verklighet

Var är orden jag ville få sagt

De jag tänkt på många gånger

Jag trodde allt var tillrättalagt

Men nu känner jag endast ånger

I svåra stunder när allt är kris

Då brukar jag smida planer

Att jag vill fly på mitt eget vis

För att undgå de värsta dramer

Ibland jag avundas de redan döda

Och att livet inte var menat för mig

Jag tänker på de liv jag gett med möda

Det måste ändå betyda något i sig

Längtan

Jag längtar till en annan tid

En annan plats

En annan värld

Det har jag alltid gjort

Jag har alltid längtat härifrån

Och velat se det tanken ser

Och göra det jag inte förmår

Och spränga barriärer

Var finns landet jag längtar till

Där jag är mig själv

Och dit jag kan resa när jag vill

Komma hem

När löven sakta falla

Jag faller med dem

Tänker på de som kalla

I hjärtat jag längtar hem

Gränslöst

Det vackraste jag vet

Är det som inga gränser har

Det är frid i evighet

Och allt är lika för envar

Droppar

Droppar tunga och klara

Jag ser utanför

Så vill jag mitt sinne ska vara

Den dagen då jag dör

Till vila

Han håller hennes hand varsamt och ömt

Av smärta finns inte längre ett spår

Svagt hon säger: jag har kanske drömt

Det känns som om allt var igår

Hennes blick är inte längre klar

Han undrar om hon honom ser

Färgen på hennes kind finns inte kvar

Och nu andas hon inte mer...

Resan

En enkel resa som ingen förmenas

Där våra själar för alltid förenas

Kan anden besjäla varje kropp

I ett evigt gående kretslopp

Har du...?

Har du nån'sin känt

Att du ska dö en gång

Har det nån'sin hänt

När du är på språng

Det ofattbara

Bortom alla våra krav

Alla stora drömmar

Det som gjort en sjö till hav

Där livet inte längre strömmar

Ska det eviga bli vårt

Det ofattbara nalkas

När livet varit hårt

I det eviga vi svalkas

Gåvan

Insikten den klara och kalla

Den sista gåvan i livet

När ögonlocken sakta falla

Blir det viktiga svaret givet

Oändligt

Framtiden vi möter är oändlig

Men livet vi förvaltar tar slut

Tiden därefter är outgrundlig

Vi har många frågor absolut

Du rör dig i ett skymningsland

Där allt är svårt att greppa

Det som förut knöts med starka band

Måste du för alltid släppa

I vindens öga lever du

Med allt det livet gav

I vindens öga vilar du

Här finns ditt hjärta och ditt nav

En romersk krigare

Jag är en romersk krigare

Jag vill ut och slåss

Jag ska göra allting farligare

Jag ska tända tusen bloss

När allt har brunnit ner

Ska jag inte kriga mer

Jag är på väg

Ofta vill jag gråta

Avundas de döda

Kan i gamla minnen påta

Depressionen göda

Jag är på väg mot målet

Det går långsamt dit

Ner i det svarta hålet

Till min egen svit

Lyrik med pik

Platsannons år 2019

Fyll i och skicka din ansökan nu

Är du en han, hon eller något annat?

Vet du själv vad du är, kan det bli du

Som får trolla med knäna och vara grym om
vartannat

Vill du bli bäst och omge dig med de bästa

Som städhjälte, det vore väl en seger

Bli en bättre version av dig själv, det är nästa

Och ha sjukt roligt på jobbet med dina kolleger

The Face book drama

Don't you know

You are Mr Fox

All your friends

In a little box

For your self-esteem

It's the very point

To have more than 315

Then it feels like a joint

Hollywood

Hollywoodfruar har en egen markör

De härmar varandra i allt de gör

Samma hår, läppar och byst

Inget de gör sker allt för tyst

Kanske de ger sig själva en autograf

Och höjdpunkten är nog mer än en fotograf

Allt för att synas och höras i teve

Detta fyller deras pretentiösa CV

Könsneutralt

Hen, istället för han och hon, synes
könsneutralt

Detta ter sig själlöst och banalt

Varje han och hon måste få följa sitt eget spår

Är det just detta som alla inte förstår?

Så naturligt med manligt och kvinnligt

Och att kunna skilja på dessa två

Det är av naturen naturligt och sinnligt

Att vara olika och inte endast unisont grå

De finaste

En liten människa

Ser du barnet och dess personlighet

Ser du den lilla som snart blir stor

Ser du energin och hennes nyfikenhet

Ser du personen som i den lilla kroppen bor

Mänskliga varelser

Skapade av de minsta delar

Ur ett specifikt och koncentrerat urval

Av allt det som naturen tillför

Och av alla kombinationer som därav är möjliga

Tid att sova

Inget är som din mjuka kind

Och att känna doften av din hud

Din lilla kropp så varm och trind

Och ditt underbara joller, dina ljud

Att hålla dig i famnen tätt intill

Och nynna sakta en liten visa

Du är trött, vet inte vad du vill

Så kommer sömnen som en lisa

Om en liten pojke

Du har en klokskap i ditt unga liv

Som många vuxna aldrig får

Du har ett ordförråd och ett språk

Som många aldrig når

Du har en kompass, en värdegrund

Och empati av dignitet

Du är i dina uttryck klar och sund

Du är redan en livets poet

En liten pojkes bön

Kom sitt hos mig

Kom lek med mig

Jag lägger armen om din hals

Jag är din mening i livet

Din kärlek

Det bästa i din framtid

En liten prins

Så lugn och så förnöjd

I kroppen stor och stabil

Du kanske en gång når till takets höjd

Vara social och glad är just din stil

En liten prins med kraft och mod

Med mer vilja än man kan förstå

Mycket tidigt du på benen stod

Och blott nio månader då du kunde gå

Oro

Ni upptar ständigt mina tankar

Hur ni har det och hur ni mår

När svaret på dörren bankar

Det lättar när vetskapen mig når

Till mina älskade barn

Mina tre barn vill jag alltid vara nära

Ni är så kloka och fantastiskt fina

Så vad kan jag mer begära

Ni är ett lån men ändå mina

Ni är min glädje och mina bekymmer

Till er finns alltid min kärlek vad än hända må

Ty den är villkorslös med allt den rymmer

Jag är så stolt och jag älskar er så

Nyfiken och vaken

En liten gosse med en blick

Så nyfiken och vaken

Du är så sprattlig och så kvick

Jag har då aldrig sett på maken

Ni är min existens

Ni är färgen på min kind

Pulsen som dunkar

Ljuset och en ljummen vind

Livet i stora klunkar

Sticken som smärtar

Drivet som gör mig trött

Värken som snärtar

Vaggvisan när ni sover sött

Om en liten flicka

Nu har du fyllt dina första år

Och du är en glädjekälla

Med glatt humör och lockigt hår

Du är den livliga och spirituella

Dina ögon lyser av kärlek och generositet

Och din starka vilja är svår att styra

Du är självständig och med stor nyfikenhet

Men din stolthet gör uppoffringarna dyra

En speciell stund

Molnen hopas, himlen är grå

Ett hopp om ljus vid horisontens rand

Dagen är ny och igår var då

Nu är stunden jag känner en liten hand

Barn betraktar

Den rena själen hos ett barn

De klara ögon som möter dina

Och fångar dig i sitt sinnegarn

Utan att döma, utan att förfina

Till en ung mamma

Du är tryggheten som håller samman

Kraften som ger tillvaron dess driv

Balansen som stillar oron och flamman

Kärleken som ger värme och liv

Kärleksfullt

Tröst

Hans mjuka vackra hand med dess långa fingrar

Så mycket den har vidrört och skapat tröst

Han lägger den mot hennes kind och den hennes sorgsna tankarna skingrar

Det är handen hos en man som smekt ett kvinnobröst

Lära känna

Jag vill känna den jag älskar

Och lära känna mig själv

Gratis

Kärlek och tid är tillgängligt för alla

Det är gratis men så svårt att framkalla

Vi blundar ofta för denna fakta

Då vi andra värden så noga vakta

Viktigt

Njuta så länge jag är

Vara i livet för mina kära

Leva i tiden som jag lär

Älska och vara nära

Till mina kära

Alla ord jag ofta tänker

Men som livets vardag ofta dränker

Dagar går i arbete och vila

Men familjen är det verkliga och stabila

Att träffa er jag älskar mest

Är livets optimala fest

Min önskan är att ni förstår

Jag lever av det känslorna förmår

Och att kärleken till er

Är viktigare än allt annat livet ger

Till min älskade

Åren har gått ett efter ett

Vi har kämpat på var sitt håll

Livet har gjort mig nästan mätt

Energin har läckt som ur ett såll

Kärlekens blomma har hållits vid liv

Den här vattnas då och då

Det är inte lätt att alltid vara positiv

Men du ska veta jag älskar dig så

Vi har en äkta kärna kvar

Någonting att leva och för

Men undrar ibland var du din livslust har

Och om du nånsin lever som du bör

Du är mycket svår att nå

Och gömmer dig djupt inne någonstans

Till mig är dina ord så få

Nästan som om jag inte fanns

Därför frågar jag dig än en gång

Vad vill du med ditt liv?

Vi har blott en enda "sång"

Låt den vara ditt motiv

Promenad

Vi sitter på bänken och vilar

Du stryker din hand mot min kind

Mellan lövverket solljuset strilar

Och det kommer en isande vind

Vi reser oss upp för att gå

Ty våren ger än ingen värme

Min käraste du måste förstå

Jag vill att du går lite närmre

Håll mig i handen - jag fryser

Det är skönt när du går tätt intill

Jag känner din värme och jag ryser

Att vara dig nära är det enda jag vill

I ditt hjärta

Du känner mer än du vill säga

Jag tror nog att du har gömt

Mycket i ditt hjärta du kan väga

På en guldvåg av det du drömt

Vårt möte

Det var omtumlande och lockande

Det första riktiga mötet med dig

Din famn var trygg och alls inte pockande

Det var alltigenom en härlig dans för mig

En underlig chans att vi möttes så här

Jag var långtifrån beredd denna dag

Du kom emot mig och jag blev kär

Amors pilar träffade som ett slag

Nu har vi har många minnen att se tillbaka på

Vi har barn och barnbarn och gråa hår

Hjärtat har känt både glädje och sorg ändå

Men vår kärlek består efter många år

Vårt universum

Vi möts i vårt eget universum

Våra själar har ett språk vi båda förstår

Världen omkring oss är ett luftrum

Vi har för alltid känslorna vi båda når

Äktenskapets bakgård

Landet utan lycka

Var skapade av man och kvinna

Förödande kan man tycka

Ty det stod ingen glädje att finna

De var båda fångade i sin egen tro

Att den andre bar all skuld

Allt uttalat raserade den bro

Som var kärleken och lyckans guld

Längtan

Hur mycket längtan finns i vår värld

Efter kärlek värme och en egen härd

Hur stora drömmar finns som vi vill nå

Som ryms i våra hjärtan som ännu slå

Offer

Där kärleken är en sällan skådad gäst

Kommer hatet som en objuden best

Och människorna tror sig bli berövade sitt
befäl

Om ödmjukheten tar plats i deras själ

I mina ögon

Vänd inte bort

Dina sorgsna ögon

Vila dem i mina

Och se min kärlek

Skatt

Du ger tusen bekymmer

Och tusen skratt

Allt som vår kärlek rymmer

Som en ovärderlig skatt

Kärlekens kaka

Här ett tips på kärlekens kaka

Prova den gärna om jag får råda

Denna kaka är väl värd att smaka

Och den är avsedd för er båda

Hinkar med kärlek

Och kyssar i mängder

Massor med smek

Och kramar i längder

Glöm inte glädje ty det är viktigt

Inget är roligt om man bara surar

Rör sedan i respekt helt försiktigt

Hänsyn och omsorg behövs om man tjurar

Till sist en tesked av en speciell ingrediens

Det behövs lite grand för denna kaka

Det är passionen som är en viktig essens

Och ni förstår hur gott det kommer att smaka

Öken

Jag är en vidsträckt öken

Men här kan du något finna

En liten blomma bland alla spöken

Det är kärleken du får att brinna

Allt du vill

I kärleken finns rymd för allt du vill

Det är oändligheten som ger tillbaka

Gränserna är bara dina, allt räcker till

Du behöver ingenting försaka

Rosor till dig

Du får rosor utav mig

I mitt hjärta är du fast

Jag strör rosor framför dig

För att lätta din last

Omslutande

Staden sover, allt är tyst

Mörkret omsluter och är svalt

Nyss blev jag av din ömhet kysst

Glad över det liv jag valt

Laddat

Rummet fylldes av dina laddade ord

De var ur äkta kärlek funna

De smyckade samvaron runt vårt bord

De var i det stora modet vunna

Ärlighet

Jag kan springa genom väggen för din skull

Och jag kan ropa till Havanna

Men aldrig kan jag ta munnen full

Av ord som inte är sanna

Så speciell

Du är så speciell

Med dina ögon klara

Din själ så ren

Dina innerliga ord kan allt besvara

Som jag fyller mitt hjärta med

Kärleken

Låt kärleken finnas i allt du gör

Det kan aldrig vara fel

Låt kärleken tala så att alla hör

Detta läker och gör dig hel

Av hela mitt hjärta

Av hela mitt hjärta ryms du i mig

Och min själ är en spegelbild av din

Av hela mitt hjärta älskar jag dig

Och du är mitt liv för alltid

Livets mening

Kärlek och harmoni är en stark förening

Det är detta som ger livet mening

Vi kan uppleva mycket med tidsfördriv

Men att älska är nerven i våra liv

Sorg

Skeppet seglade en morgon klockan fem

Och styrde ut mot öppet hav

Han återvände aldrig hem

Det var för kärleken han gav sig av

När skeppet åter når en brygga

Blir det i en annan hamn

Där han framtiden ska bygga

Och i någon annans famn

Hustruns sorg, den avgrundsdjupa

Hisnande och bottenlösa

Det ofrånkomliga, att stupa

Gör sällskap med det motståndslösa

Själsliv

Önskan

Som en regndroppe i stora vatten

Vill jag vila i mig själv

Och sjunka i den själsliga skatten

Där jag omsluts likt en välv

Meditation

Jag sluter mina ögon

För att tydligt kunna se

Och lyssnar till mitt inre

Av det själen har att ge

Mitt inre känns klart och rent

Stillheten tar över

Anden svävar fritt

Detta är lugnet jag behöver

Saktar återvänder jag till tiden

Och förenas med den stilla anden

Jag öppnar mina ögon

Och bländas av den vita stranden

En astral resa

Jag gästade en plats där jag svävat

Här fanns varken glädje eller sorg

Det är hit jag ofta strävat

Att få komma till fridens borg

Söka liv och nerv

När vägen smalnar av

Och det skymmer i norr

Går jag helt i kvav

Marken blir så torr

Jag söker ett vatten

Som ska ge liv och nerv

Kraft till tanken om natten

Ett undermedvetet värv

Kroppen ska styrka finna

I rörelse och gång

Då finns tid att vinna

Dagen är tillräckligt lång

Energi

Öppna dig för universums energi

En livsnerv som ger dig kraft

Om du bara vill, den står dig bi

Och blir det tryggaste du nåns'in haft

Årstider

Ut i naturen

Att gå ut i den vackra naturen

Och ut ur den själsliga buren

Att lyssna, studera och andas

Och med de gudomliga värdena blandas

Bli stormande buren av den friska fläkten

Och uppleva den undersköna sommardräkten

Hyllning till våren

Du skrider ur smutsen så sakta

Ur det kalla, solkiga och grå

Varje dag ska jag vänta och vakta

Är min otålighet svår att förstå?

Jag vill se din skrud växa fram8

Och luften kännas skön att andas

Så efterlängtad, skir och varm

Det är ljuvligt när våren randas

Vårkänslor

Våren dröjer ännu ett tag

Men snart blir det ljusare dagar

Då lyser solen och värmer ett slag

Och tider kommer som behagar

Träden slår ut i praktfull glans

Och fåglarna sjunger i kör

Blommorna doftar, jag går som i trans

Och livet har åter fått rätt kulör

Hösten

Vad kan vårens ljus och fågelsång

Ge min frusna själ

Som inte höstens lugna väntans gång

Kan ge mig lika väl

Vilans tid

I naturen är hösten en vilans tid

Så borde det även för människan vara

Men för oss börjar stök inför julefrid

Visst är vi en underlig skara

Jul

I denna årets mörkaste tid

Då julen på dörren gläntar

Jag önskar dig ro och julefrid

När du på tomten väntar

Ty snart är det nya året här

Med nya löften i stort och smått

Och inte vet jag vad det innebär

Men jag önskar dig allt gott

Marknaden och makten

Känga

Det är så svårt att hålla takten

Med er som har makten

Ni tycker mycket men är inte konkreta

Då vår tillvaro står på spel gäller det att VETA

Har inte kunskap och vishet en plats i
politiken?

Så borde det fungera i praktiken

Sluta kriga för era ideologier

Låt viktigare arbete ta plats i era partier

Det är nödvändigt att ge oss sakliga argument

Och även tydlighet är ett viktigt element

För våra ställningstaganden i debatten

Vilka ökar den demokratiska skatten

Men att reformera och skapa en ny arena

Borde sedan länge ha skett, så ni är sena

Ett samarbete med expertis och utan de olika
blocken

Samt att ni tänker pragmatiskt hela flocken

Att hitta lösningar bör stå i fokus

Ändamålsenligt och inget hokuspokus

Detta kan vara ett sätt att lösa problemet

Istället för det nuvarande partisystemet

Statskonst är ju själva ordet

Som avser åtgärder för allas våra liv

Men lägg då alla korten på bordet

Och förklara era dolda motiv

Storm

Det kommer en förödande storm

Där alla berörs utav hoten

Passiviteten har blivit en norm

Vi är många som bär på den soten

Syrien

Vad har president al-Assad att vinna

Med ett land tomt på både man och kvinna

Ett land han skändat och bombat till ruiner

Vad finns kvar när solen åter skiner?

Osäker destination

De flyr förintelse och död

En massflykt av miljoner

För att lämna den mark som färgats röd

Av blod i krigande nationer

De köper dyrt en plats i båten

Och färdas över öppet hav

Omänskligt i trängseln med skriken och gråten

Där havet för många blir en säker grav

Främmande ord

Det går en vind genom vår värld

Där empati är ett främmande ord

Men hur slutar denna färd

När brott och krig dominerar vår jord

Maktens marknad

Många ska offras för att endast några få

Ska få tillskansa sig den stora biten

Det blir många som ska gå på tå

För att tillfredsställa den uppblåsta eliten

Rädslan att förlora makten

Och att inte vara rik

Skapar den förfärliga jakten

Som helt saknar logik

Två män

Två män samtalar för att manifestera

De är rika men vill ändå ha mera

Båda är kända för styrka och makt

Är deras planer en gemensam pakt?

Kan dessa två skapa en stabil balans?

Och som alla hoppas att ge freden en chans

Rädslan är stor för krig och stöveltramp

Den ene heter Putin den andre Trump

Miljötänk

"Det är ingen ko på isen"

Vi fortsätter att sprida skit

Fast det ökar den stora krisen

Gäller maktens fokus på profit

Resursslöseri

Arbetsmarknaden är sig inte lik

Den saknar helt etik

Dess enda mål är pengavinst

Och på personalen det satsas minst

Svar saknas

Är varje utfört illdåd en enskild händelse...?

Eller.....

Är det sammantaget en nationell eller världslig kris...?